Impressum
Verlag: BABADADA GmbH, Nedderfeld 112 , 22529 Hamburg
Geschäftsführer / Verlagsleitung: Harald Hof
Druck: Books on Demand GmbH, In de Tarpen 42, 22848 Norderstedt

Imprint
Publisher: BABADADA GmbH, Nedderfeld 112 , 22529 Hamburg, Germany
Managing Director / Publishing direction: Harald Hof
Print: Books on Demand GmbH, In de Tarpen 42, 22848 Norderstedt

chikoro
colegio

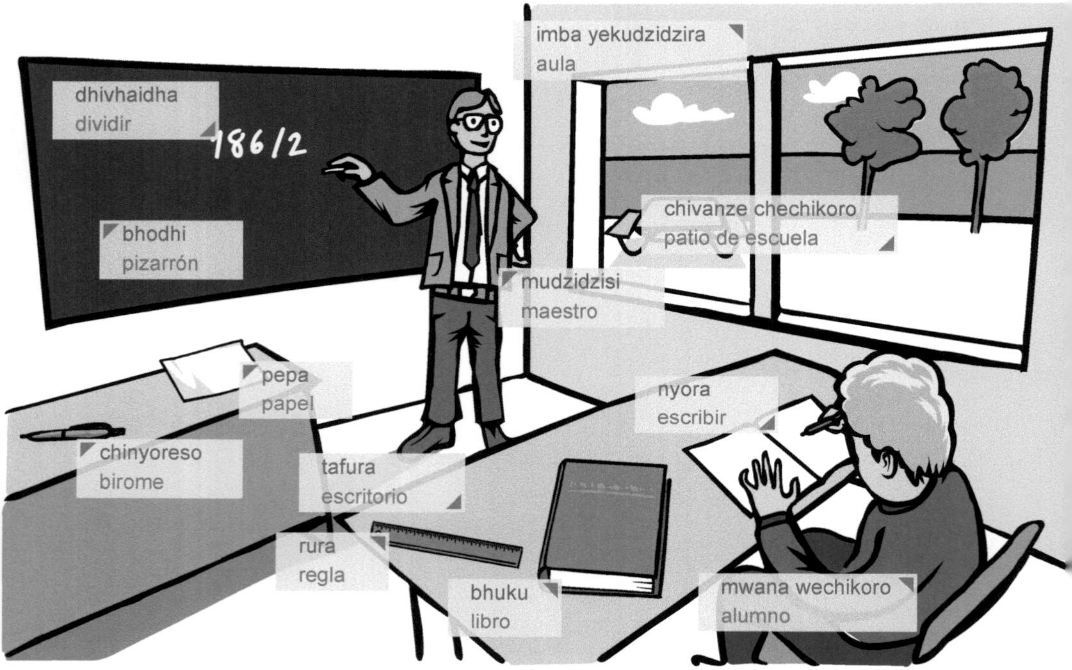
imba yekudzidzira
aula
dhivhaidha
dividir
186/2
bhodhi
pizarrón
chivanze chechikoro
patio de escuela
mudzidzisi
maestro
pepa
papel
nyora
escribir
chinyoreso
birome
tafura
escritorio
rura
regla
bhuku
libro
mwana wechikoro
alumno

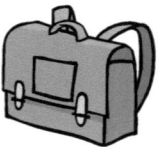

bhegi

mochila

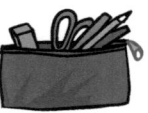

chekuchengetera mapenzura

caja de lápices

penzura

lápiz

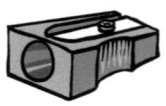

chekurodzesa mapenzura

sacapuntas

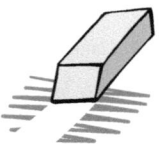

rabha

goma (de borrar)

bhuku rekudhirowera mifananidzo

bloc de dibujo

mufananidzo wakadhirowewa

dibujo

bhurasho rekupendesa

pincel

bhokisi rependi

caja de pinturas

chigero

tijera

guruu

pegamento

bhuku rekunyorera

cuaderno de ejercicios

basa rinoitirwa kumba

tarea

nhamba

número

sanganisa

sumar

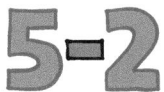

bvisa

restar

wanziridza

multiplicar

kakureta

calcular

bhii

letra

arufabheti

abecedario

shoko

palabra

chikoro - colegio

mashoko

texto

kuverenga

leer

choko

tiza

chidzidzo

lección

bhuku remazita

cuaderno de clase

bvunzo

examen

setifiketi

certificado

yunifomu yekuchikoro

uniforme escolar

dzidzo

educación

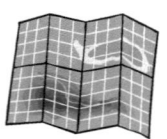

encyclopedia

enciclopedia

yunivhesiti

universidad

maikorosikopu

microscopio

mepu

mapa

bhini remapepa

tacho (de basura)

rwendo
viaje

hotera
hotel
Grand
mahostera
hostel
ROOMS
EXCHANGE
panochinjwa mari
casa de cambio
sutukesi
valija
mota
auto

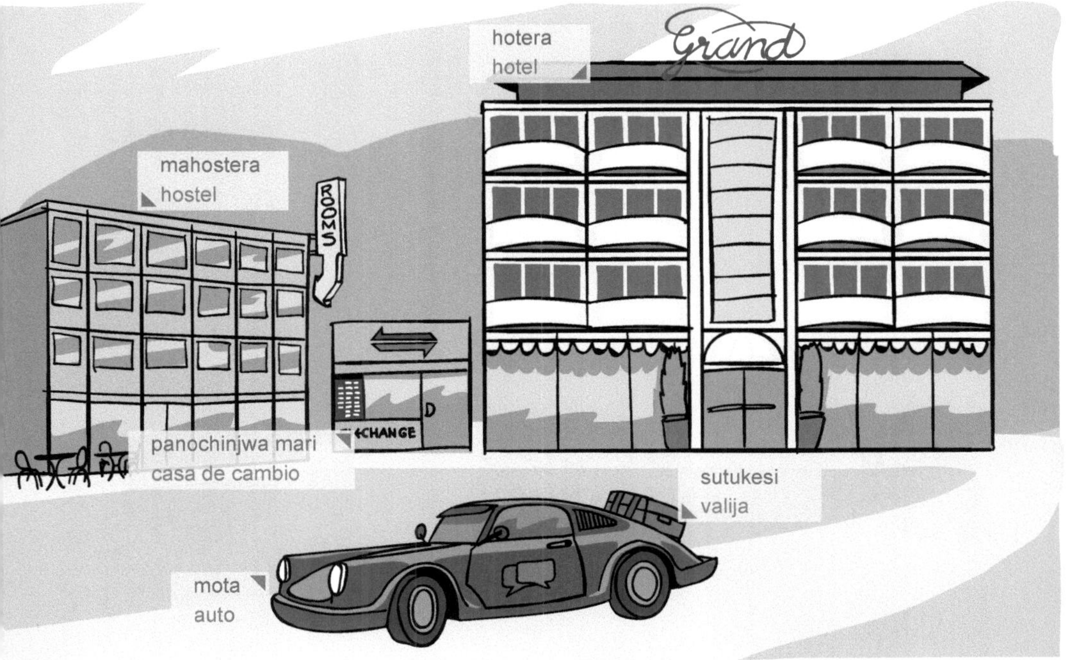

mutauro

idioma

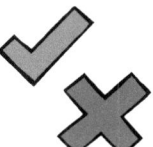

hongu / kwete

sí / no

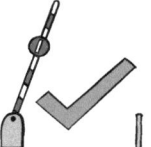

Zvakanaka

Está bien

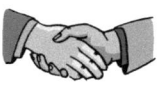

hesi

hola

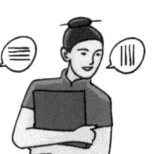

mushanduri

traductor

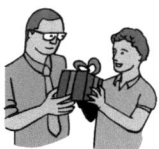

Mazvita

Gracias

Imarii… ?

¿cuánto cuesta…?

Handisi kunzwisisa

No entiendo

dambudziko

problema

Manheru!

¡Buenas tardes!

Mangwanani!

¡Buenos días!

Murare zvakanaka

¡Buenas noches!

toonana

adiós

mafambiro

dirección

katundu

equipaje

bhegi

bolso

bhegi rekumusana

mochila

muenzi

invitado

imba

habitación

bhegi rekurarira

bolsa de dormir

tendi

carpa

mashoko evafambi

información turística

mahombekombe

playa

kadhi rekubhengi

tarjeta de crédito

kudya kwemangwanani

desayuno

kudya kwemasikati

almuerzo

kudya kwemanheru

cena

tiketi

pasaje

chikwidzo

ascensor

chitambi

sello

muganhu

frontera

vanoona nezvekupinda munyika

aduana

vamiririri venyika

embajada

vhiza

visa

pasipoti

pasaporte

zvifambiso
transporte

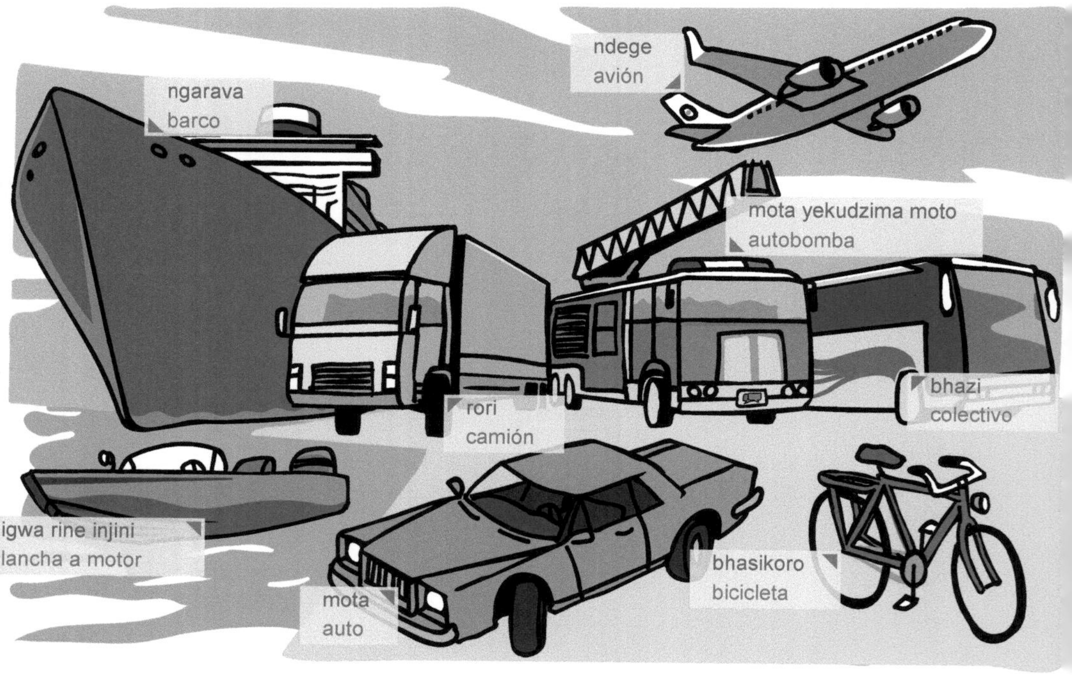

ndege
avión
ngarava
barco
mota yekudzima moto
autobomba
bhazi
colectivo
rori
camión
igwa rine injini
lancha a motor
bhasikoro
bicicleta
mota
auto

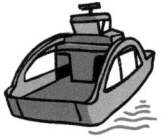

igwa

ferry

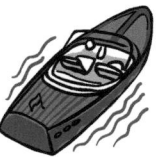

igwa

bote

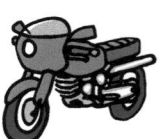

mudhudhudhu

moto

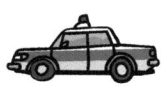

mota yemapurisa

patrullero

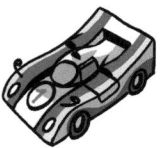

mota yemujaho

auto de carreras

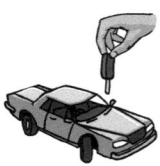

mota yekuhaya

auto de alquiler

kuhaya mota

alquiler de autos

mota inodhonza dzinenge dzafa

grúa

mota yemabhini

camión de basura

injini

motor

mafuta

nafta

garaji remafuta

estación de servicio

chikwangwani chemumugwagwa

señal de tránsito

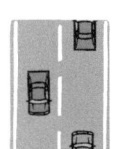

mota

tránsito

mota dzakawandisa

embotellamiento

panopakwa mota

estacionamiento

chiteshi chezvitima

estación de tren

njanji

vías

chitima

tren

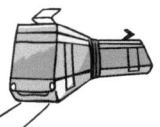

tram

tranvía

chitima

vagón

chikopokopo

helicóptero

nhandare yendege

aeropuerto

nharire

torre

mufambi

pasajero

chikondena

contenedor

kadhibhodhi bhokisi

caja de cartón

ngoro

carretilla

bhasiketi

canasta

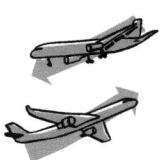

simuka / mhara

despegar / aterrizar

guta

ciudad

musha

pueblo

pakati peguta

centro de ciudad

imba

casa

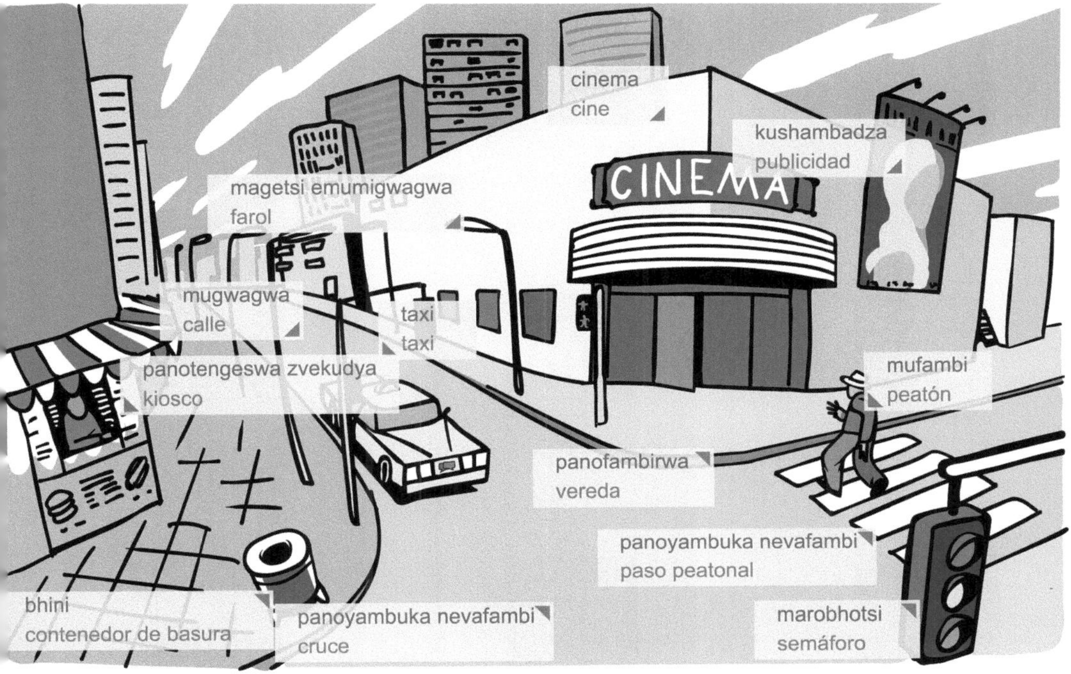

cinema
cíne

kushambadza
publicidad

magetsi emumigwagwa
farol

CINEMA

mugwagwa
calle

taxi
taxi

panotengeswa zvekudya
kiosco

mufambi
peatón

panofambirwa
vereda

panoyambuka nevafambi
paso peatonal

bhini
contenedor de basura

panoyambuka nevafambi
cruce

marobhotsi
semáforo

imba

cabaña

mafurati

departamento

chiteshi chezvitima

estación de tren

imba yeguta

municipalidad

muziyamu

museo

chikoro

colegio

yunivhesiti

universidad

bhengi

banco

chipatara

hospital

hotera

hotel

panotengeswa mishonga

farmacia

hofisi

oficina

chitoro chemabhuku

librería

chitoro

negocio

panotengeswa maruva

florería

supamaketi

supermercado

musika

mercado

chitoro chine madhipatimendi

grandes tiendas

panotengeswa hove

pescadería

nzimbo ine zvitoro

centro comercial

chiteshi chengarava

puerto

paki

parque

bhenji

banco

bhiriji

puente

masitepisi

escaleras

nzira inoenda nepasi

subte

mugwagwa wepasi

túnel

panokwirirwa mabhazi

parada del colectivo

bhawa

bar

resitorendi

restaurante

bhokisi retsamba

buzón

chikwangwani
chemugwagwa
letrero

mita yekupaka

parquímetro

munochengeterwa mhuka

zoológico

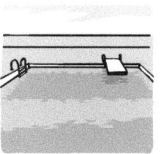

kunotuhwinirwa

pileta

mosque

mezquita

guta - ciudad

purazi

granja

kusvibisa

contaminación

kumakuva

cementerio

chechi

iglesia

pekutambira

juegos infantiles

temberi

templo

mamiriro akaita nzvimbo

paisaje

shizha
hoja

chikwangwani
poste indicador

nzira
camino

mafuro
pradera

dombo
piedra

mufambi
excursionista

muti
árbol

rwizi
río

uswa
hierba

ruva
flor

mupata

valle

gomo

montaña

dhamu

lago

sango

bosque

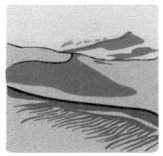

gwenga

desierto

chikwatamabwe

volcán

zimba

castillo

muraraungu

arco iris

hohwa

champiñón

muchindwe

palmera

umhutu

mosquito

nhunzi

mosca

svosve

hormiga

nyuchi

abeja

buve

araña

chipembenene

escarabajo

datya

rana

tsindi

ardilla

nungu

erizo

tsuro

liebre

zizi

lechuza

shiri

pájaro

swan

cisne

nguruve yemusango

jabalí

nondo

ciervo

moose

alce

dhamu

presa

injini yemhepo

aerogenerador

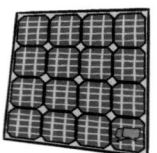

panero rezuva

panel solar

mamiriro ekunze

clima

hweta
mozo

menyu
menú

cheya
silla

supu
sopa

pitsa
pizza

zvekushandisa pakudya
cubiertos

jira repatebhuru
mantel

zvekusosa nzara
entrada

zvekudya
plato principal

zvekuseredzera
postre

zvekunwa
bebidas

zvekudya
comida

bhodhoro
botella

zvekudya zvisingatori nguva
kubika

comida rápida

chikafu chinotengeswa
munzira

comida callejera

tipoti

tetera

gabha reshuga

azucarera

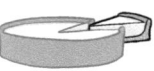

chidimbu

porción

muchina wekofi

cafetera expreso

cheya yemwana

sillita alta

bhiri

cuenta

tureyi

bandeja

banga

cuchillo

forogo

tenedor

chipunu

cuchara

chipunu

cucharita

zvekupukutisa muromo

servilleta

girazi

vaso

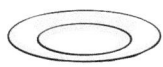

ndiro

plato

ndiro yesupu

plato hondo

ndiro

plato

supu

salsa

chekuisira sauti

salero

chekugaya mhiripiri

molinillo de pimienta

vhiniga

vinagre

mafuta

aceite

masipaisi

especias

ketchup

kétchup

mustard

mostaza

mayonaizi

mayonesa

supamaketi
supermercado

zvaderedzwa mitengo
oferta especial
FOR
mutengi
cliente
zvinogadzirwa nemukaka
lácteos
michero
fruta
chingoro
changuito

BUTCHERS

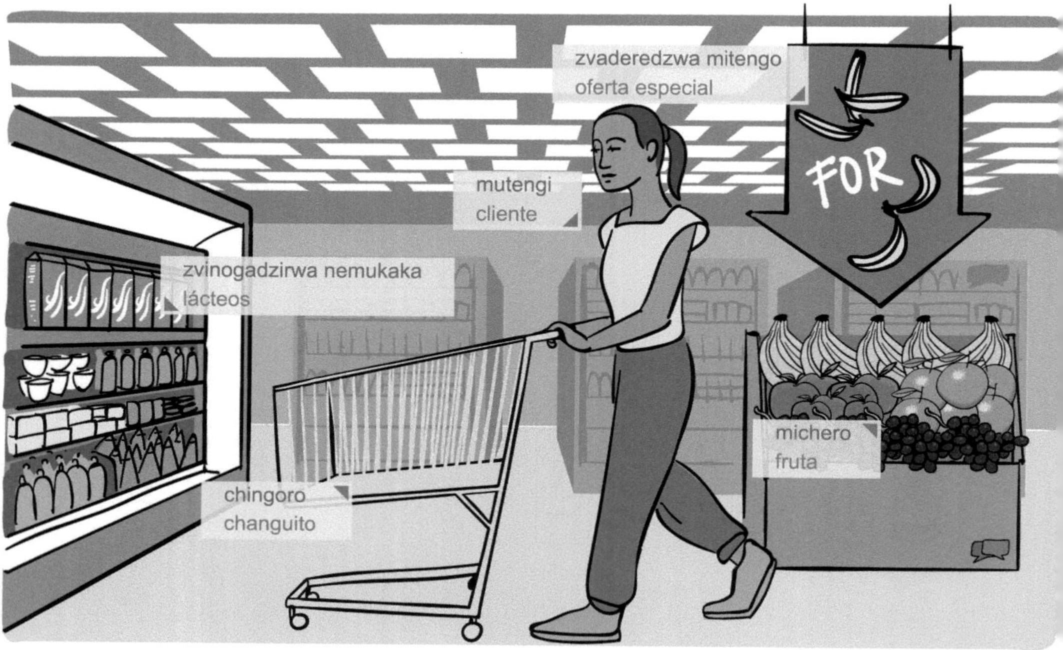

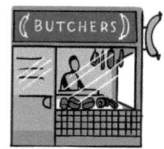

panotengeswa nyama

carnicería

BAKERY

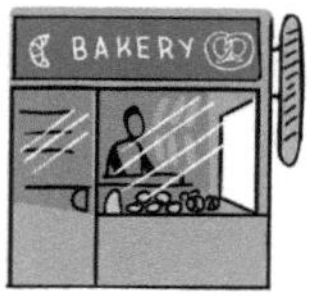

panotengeswa chingwa

panadería

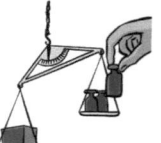

kuyera

pesar

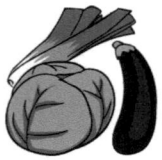

miriwo

verduras

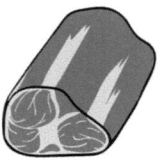

nyama

carne

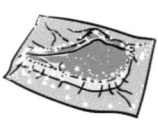

zvekudya zvakaoma nechando

alimentos congelados

nyama yakatonhora

fiambres

zvekudya zvemugaba

alimentos enlatados

sipo yeupfu yekuwachisa

detergente en polvo

masuwiti

golosinas

zvekushandisa mumba

electrodomésticos

zvekuchenesa nazvo

productos de limpieza

mutengesi

vendedora

tiru

caja

mutengesi

cajero

zviri kuda kutengwa

lista de compras

nguva dzekuvhura

horario de atención

chikwama

billetera

kadhi rekubhengi

tarjeta de crédito

bhegi

cartera

pepa rekuisira

bolsa de plástico

mvura

agua

muto wemichero

jugo

mukaka

leche

coke

bebida cola

waini

vino

doro

cerveza

doro

alcohol

cocoa

cacao

tii

té

kofi

café

kofi

café expreso

cappuccino

cappuccino

bhanana

banana

apuro

manzana

orenji

naranja

nwiwa

melón

ndimu

limón

karotsi

zanahoria

gariki

ajo

mushenjere

bambú

hanyanisi

cebolla

hohwa

champiñón

nzungu

nueces

manoodle

fideos

spaghetti

tallarines

mupunga

arroz

saradhi

ensalada

machipisi

papas fritas

mbatatisi dzakafuraiwa

papas fritas

pitsa

pizza

chingwa chakaruma nyama

hamburguesa

sangweji

sándwich

nhindi

churrasco

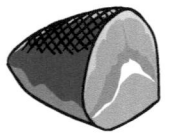

ham

jamón

salami

salame

soseji

salchicha

huku

pollo

gochwa

asado

hove

pescado

bota reoats

copos de avena

muesli

muesli

macornflake

copos de maíz

furawa

harina

croissant

medialuna

chingwa

pancito

chingwa

pan

chingwa chakagochwa

tostada

mabhisikiti

galletitas

bhata

manteca

ige

cuajada

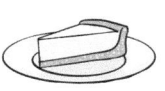

keke

torta

zai

huevo

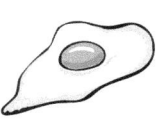

zai rakafuraiwa

huevo frito

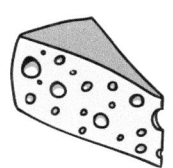

chizi

queso

aizikirimu

helado

shuga

azúcar

huchi

miel

jemu

mermelada

chocolate yekuzora

pasta de chocolate

curry

curry

purazi
granja

imba yepapurazi
granja
dura
granero
chisote cheuswa
fardo de paja
munda
campo
bhiza
caballo
turera
remolque
tirakita
tractor
mubheme
potrillo
dhongi
burro
hwai
oveja
hwayana
cordero

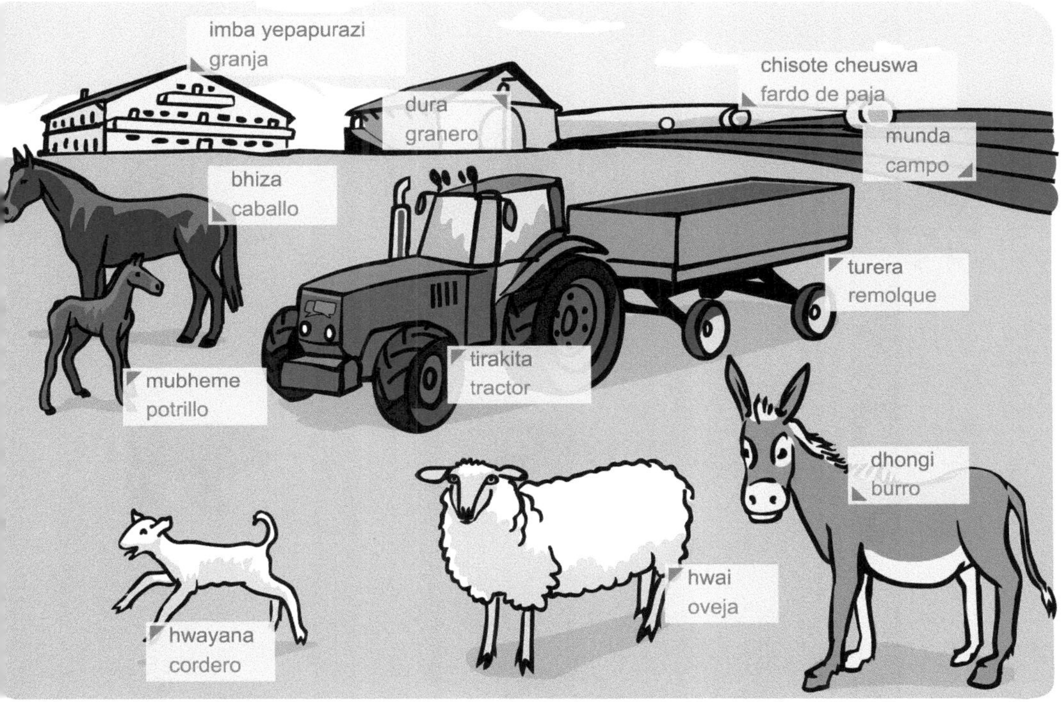

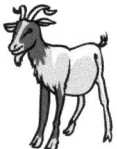

mbudzi

cabra

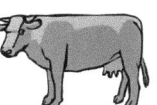

mhou

vaca

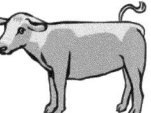

mhuru

ternero

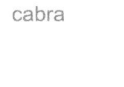

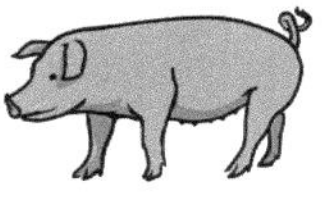

nguruve

cerdo

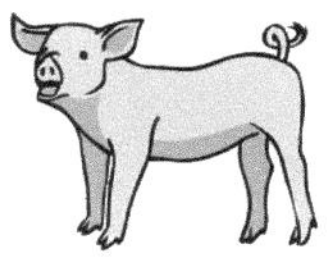

chigwi

lechón

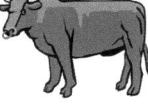

bhuru

toro

dhadha

ganso

dhakisi

pato

nhiyo

pollo

tseketsa

gallina

jongwe

gallo

gonzo

rata

katsi

gato

mbeva

ratón

dhonza

buey

imbwa

perro

imba yembwa

cucha

pombi yemvura

manguera

keni yekudiridzisa

regadera

jeko

guadaña

gejo

arado

jeko

hoz

badza

azada

forogo

horquilla

demo

hacha

bhara

carretilla

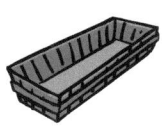

chidyiro

abrevadero

bhodhoro remukaka

lechera

saga

bolsa

fenzi

reja

danga

establo

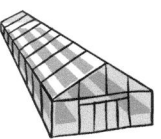

greenhouse

invernadero

ivhu

suelo

mbeu

semilla

fetereza

fertilizador

mota yekukohwesa

cosechadora

kukohwa

cosechar

gohwo

cosecha

mbatatisi

batatas

gorosi

trigo

soya

soja

mbatatisi

papa

chibage

maíz

rapeseed

semilla de colza

muti wemichero

árbol frutal

mufarinya

mandioca

mbesa

cereales

imba
casa

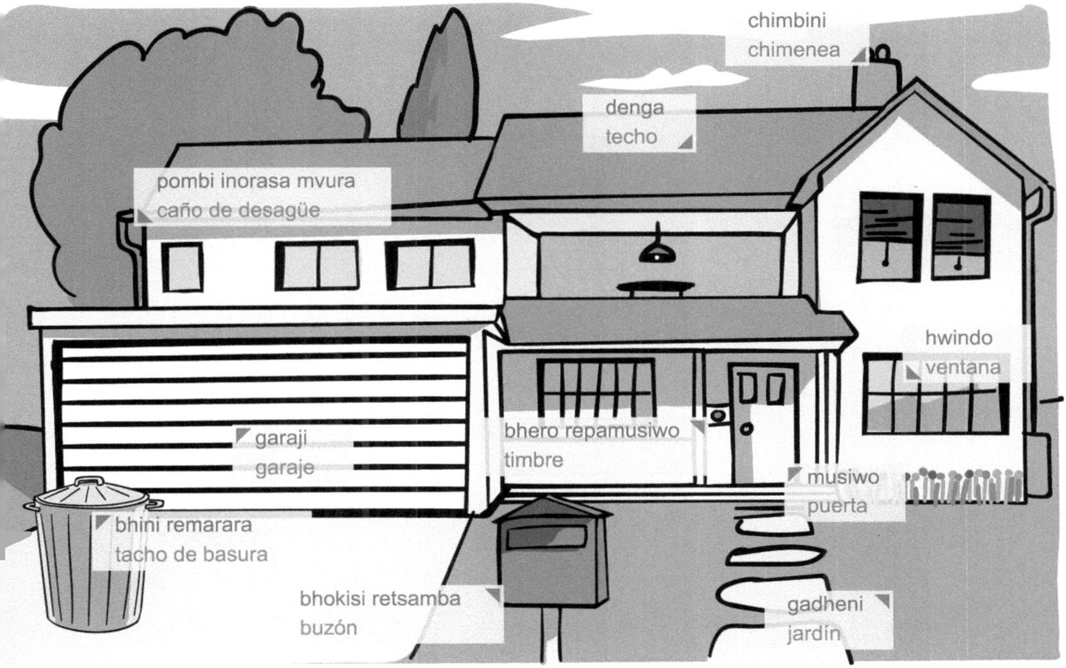
chimbini
chimenea
denga
techo
pombi inorasa mvura
caño de desagüe
hwindo
ventana
garaji
garaje
bhero repamusiwo
timbre
musiwo
puerta
bhini remarara
tacho de basura
bhokisi retsamba
buzón
gadheni
jardín

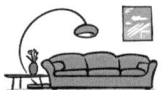

imba yekutandarira

living

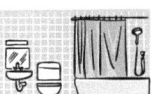

mekugezera

baño

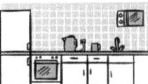

kicheni

cocina

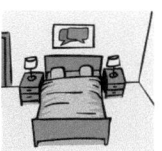

imba yekurara

dormitorio

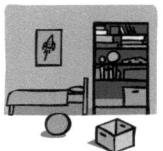

imba yemwana

cuarto de los chicos

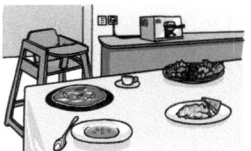

imba yekudyira

comedor

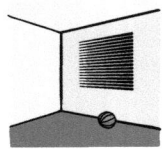

uriri
piso

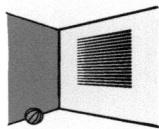

madziro
pared

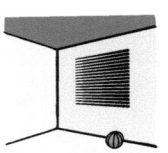

denga
cielorraso

imba yepasi
sótano

sauna
sauna

vharanda repadenga
balcón

uriri hwepadenga
terraza

dziva rekushambira
pileta

muchina wekuchekesa
uswa
cortadora de pasto

jira
sábana

chekufukidza mubhedha
acolchado

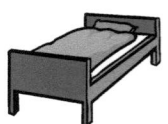

mubhedha
cama

bhurumu
escoba

bhaketi
balde

suwichi
interruptor

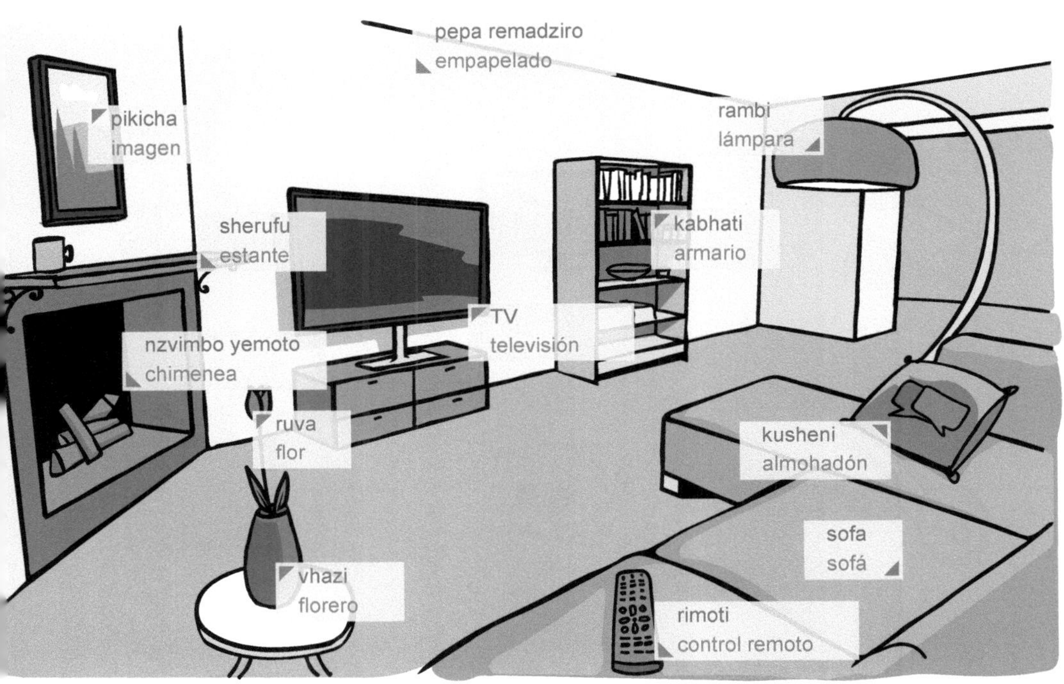

pepa remadziro
empapelado

pikicha
imagen

rambi
lámpara

sherufu
estante

kabhati
armario

nzvimbo yemoto
chimenea

TV
televisión

ruva
flor

kusheni
almohadón

sofa
sofá

vhazi
florero

rimoti
control remoto

kapeti

alfombra

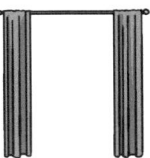

keteni

cortina

tebhuru

mesa

cheya

silla

cheya inozeya

mecedora

cheya ine pekuisa maoko

sillón

bhuku

libro

gumbeze

frazada

marongedzero

decoración

huni

leña

firimu

película

redhiyo yehi-fi

equipo de música

kii

llave

pepanhau

diario

mufananidzo

pintura

posita

póster

redhiyo

radio

pekunyorera

cuaderno

muchina wekuhuvhisa

aspiradora

chinanazi

cactus

kenduru

vela

kicheni
cocina

firiji
heladera
maikorowevhi
microondas
chikero chemukicheni
balanza de cocina
chekugochesa chingwa
tostadora
sipo
detergente
ovheni
horno
firiji
freezer
bhini remarara
tacho de basura
sipo yendiro
lavaplatos

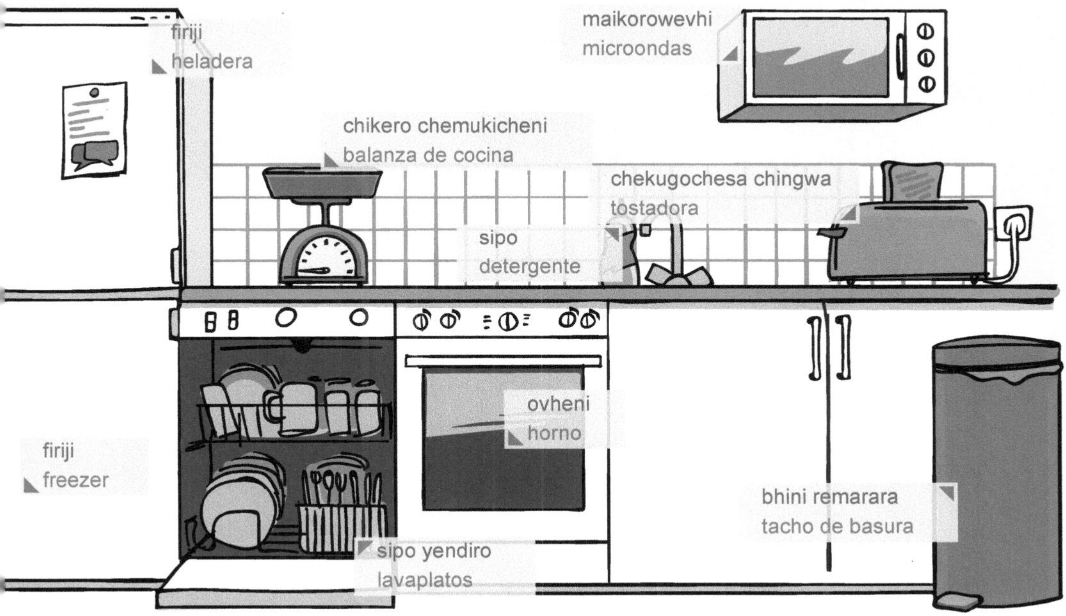

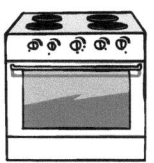

chitofu

cocina

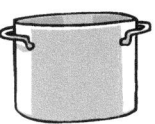

poto

olla

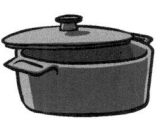

poto yesimbi

olla de hierro fundido

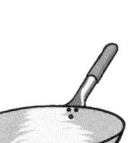

wok / kadai

wok

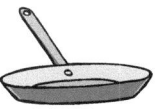

pani

sartén

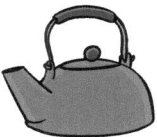

ketero

pava

chekubikisa neutsi
hwemvura
vaporera

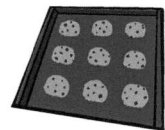

turei yekubhekesa

bandeja de horno

ndiro

vajilla

kapu

taza

dishi

bol

tumiti twekudyisa

palitos

chipunu

cucharón

chipunu

estpátula

chekusanganisisa

batidora

chekukunisa

colador

chekukunisa

colador

chekugiretesa

rallador

duri

mortero

chiwaya

parrilla

moto

fogata

chekuchekera

tabla de picar

chekutsimbiririsa
mukanyiwa

palo de amasar

chekuvhurisa mabhodhoro
ewaini

sacacorchos

tini

lata

chekuvhurisa tini

abrelatas

girovhosi rekubatisa
zvinopisa

manopla

singi

pileta

bhurasho

cepillo

chipanji

esponja

chinosanganisa

batidora

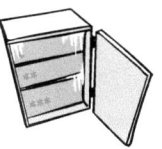

firiji

congelador

bhodhoro remwana

mamadera

pombi

canilla

kicheni - cocina

mekugezera
baño

chinodziisa mumba
calefacción
tauro
toalla
shawa
ducha
keteni remushawa
cortina de ducha
mvura yekugeza ine furo
baño de espuma
mekugezera
bañadera
girazi
vaso
muchina wekuwachisa
lavarropas
pombi
canilla
mataira
baldosas
chipoti chemwana
pelela
singi
pileta

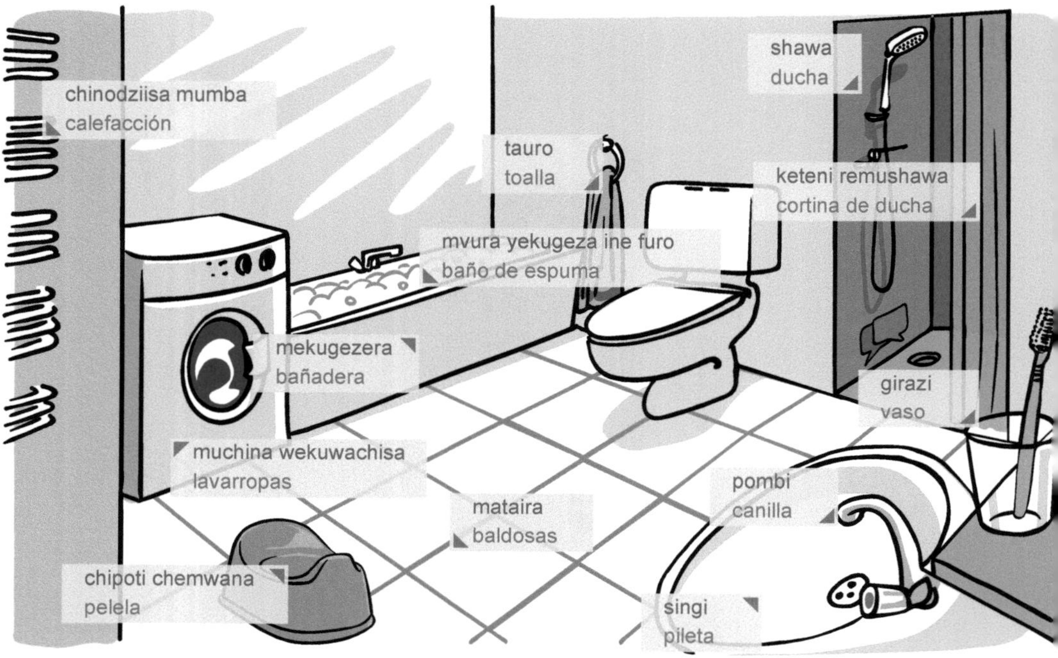

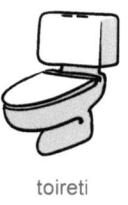

toireti

inodoro

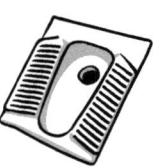

toireti yegomba

letrina

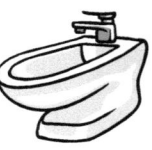

chemba

bidé

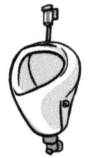

chekuitira weti chevarume

mingitorio

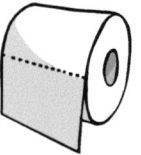

pepa remutoireti

papel higiénico

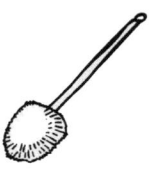

bhurasho remutoireti

cepillo para el inodoro

bhurasho remazino

cepillo de dientes

mushonga wemazino

dentífrico

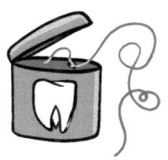

tambo yekugezesa mazino

hilo dental

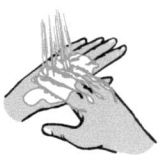

kugeza

lavar

shawa yekuita zvekubata

ducha de mano

douche

ducha higiénica

bheseni

palangana

bhurasho remusoro

cepillo para espalda

sipo

jabón

sipo yekugezesa mushawa

gel de ducha

shambuu

shampoo

chekugezesa

toallita

dhireni

desagüe

mafuta

crema

chinonhuwirira

desodorante

girazi

espejo

girazi remumaoko

espejito

chekugeresa ndebvu

maquinita de afeitar

furo rekugeresa ndebvu

espuma de afeitar

mafuta ekuzora wagera ndebvu

aftershave

kamu

peine

bhurasho

cepillo

chekuomesa bvudzi

secador de pelo

mushonga wekupfapfaidza musoro

spray

zvekupodesa

maquillaje

chekupendesa muromo

lápiz de labios

chekupendesa nzara

esmalte para uñas

donje

algodón

chigero chenzara

tijera para uñas

pefiyumu

perfume

bhegi rezvekugezesa

portacosméticos

chituro

banqueta

chikero

balanza

bathrobe

bata

magirovhosi erabha

guantes de goma

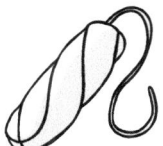

tampon

tampón

pedhi

toallita femenina

toireti inotakurwa

baño químico

imba yemwana
cuarto de los chicos

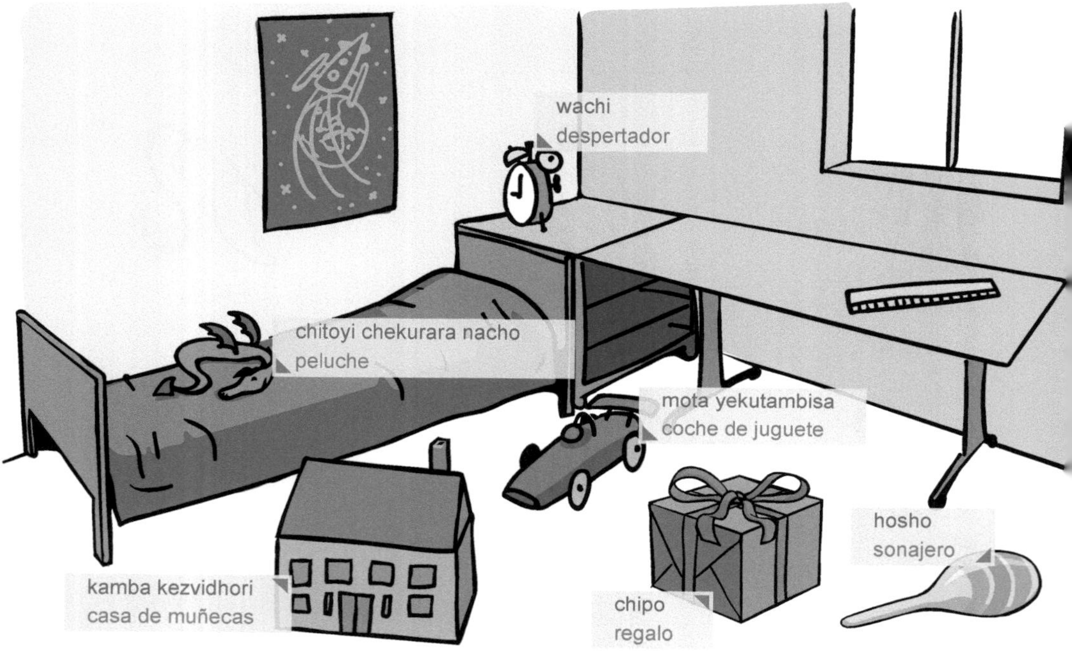

wachi
despertador
chitoyi chekurara nacho
peluche
mota yekutambisa
coche de juguete
hosho
sonajero
kamba kezvidhori
casa de muñecas
chipo
regalo

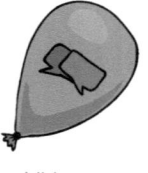

chibharuma
....
globo

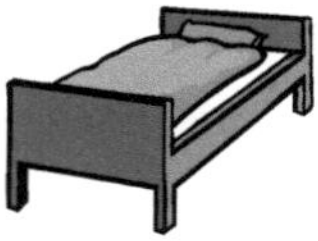

mubhedha
....
cama

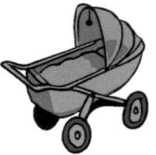

purema
....
cochecito

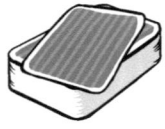

makadhi ekutamba
....
cartas

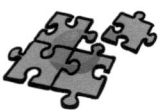

puzzle
....
rompecabezas

SUPER
MEGA

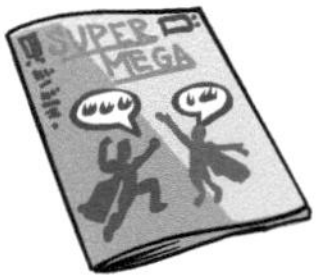

makatuni ekuverenga
....
historieta

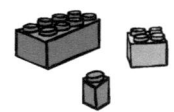

zvekuvakisa zvinhu

piezas de lego

mabhuroko ekuvakisa

ladrillos de juguete

chidhori

figura de acción

babygrow

enterito (de bebé)

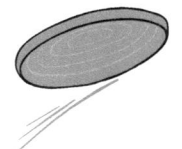

chekutambisa uchikanda

frisbee

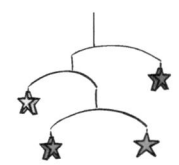

zvekuvaraidza mwana

móvil para bebés

gemu rinotambirwa pabhodhi

juego de mesa

dhaisi

dados

zvitima zvekutambisa

tren eléctrico

chidhami

chupete

mabiko

fiesta

bhuku remapikicha

libro de cuentos ilustrado

bhora

pelota

chidhori

muñeca

kutamba

jugar

majecha ekutambira

arenero

muzeerere

hamaca

zvekutambisa

juguetes

chekutambisa magemu
emavhidhiyo

consola de videojuegos

kabhasikoro kemavhiri
matatu

triciclo

teddy bear

osito de peluche

wadhiropu

armario

masokisi

medias

masokisi

medias panty

matirauzi anobata muviri

calzas

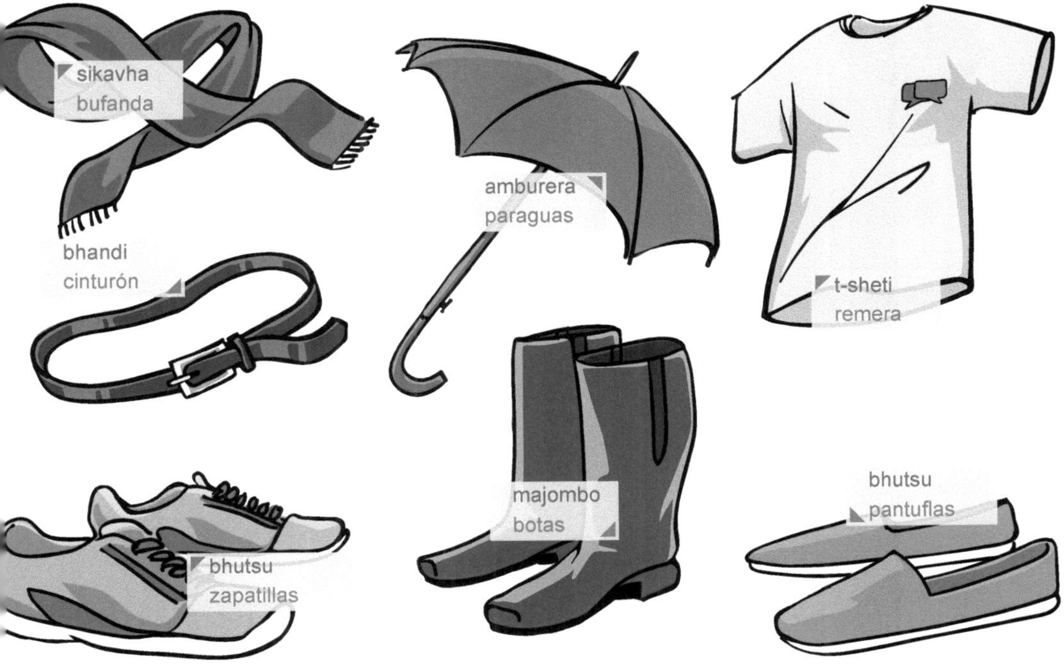

sikavha
bufanda

amburera
paraguas

t-sheti
remera

bhandi
cinturón

majombo
botas

bhutsu
pantuflas

bhutsu
zapatillas

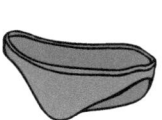

masanduru
....
sandalias

bhutsu
....
zapatos

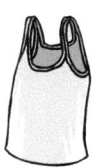

magambutsu
....
botas de goma

nduwe
....
ropa interior

bhodhi
....
corpiño

vhesi
....
chaleco

muviri

body

tirauzi

pantalones

jini

jeans

siketi

pollera

bhurauzi

blusa

hembe

camisa

bhachi

pulóver

chibhachi

buzo

bhachi

blazer

bhachi

campera

jasi

tapado

renikoti

piloto

koshitomu

traje

dhirezi

vestido

dhirezi remuchato

vestido de novia

sutu

traje

hembe yekurarisa

camisón

mapijama

pijama

chari

sari

headscarf

pañuelo para cabeza

heti

turbante

burqa

burka

kaftan

caftán

abaya

abaya

hembe yekutuhwinisa

traje de baño

chikabudura

short de baño

chikabudura

shorts

tirekisutu

jogging

apuroni

delantal

magirovhosi

guantes

bhatani
botón

magirazi
anteojos

bhenguru
pulsera

chuma
collar

rin'i
anillo

mhete
aro

kepisi
gorra

hen'a
percha

heti
sombrero

tai
corbata

zipi
cierre

herumeti
casco

mabhandi
tiradores

yunifomu yekuchikoro
uniforme escolar

yunifomu
uniforme

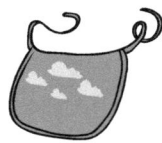

chibhibhi

babero

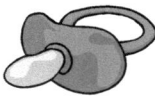

chidhami

chupete

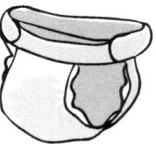

napukeni

pañal

hofisi
oficina

server
servidor
kabhineti
archivero
muchina wekuprindisa
impresora
sikirini
monitor
pepa
papel
mouse
mouse
tafura
escritorio
fayera
carpeta
keyboard
teclado
bhini remapepa
tacho (de basura)
cheya
silla
kombiyuta
computadora

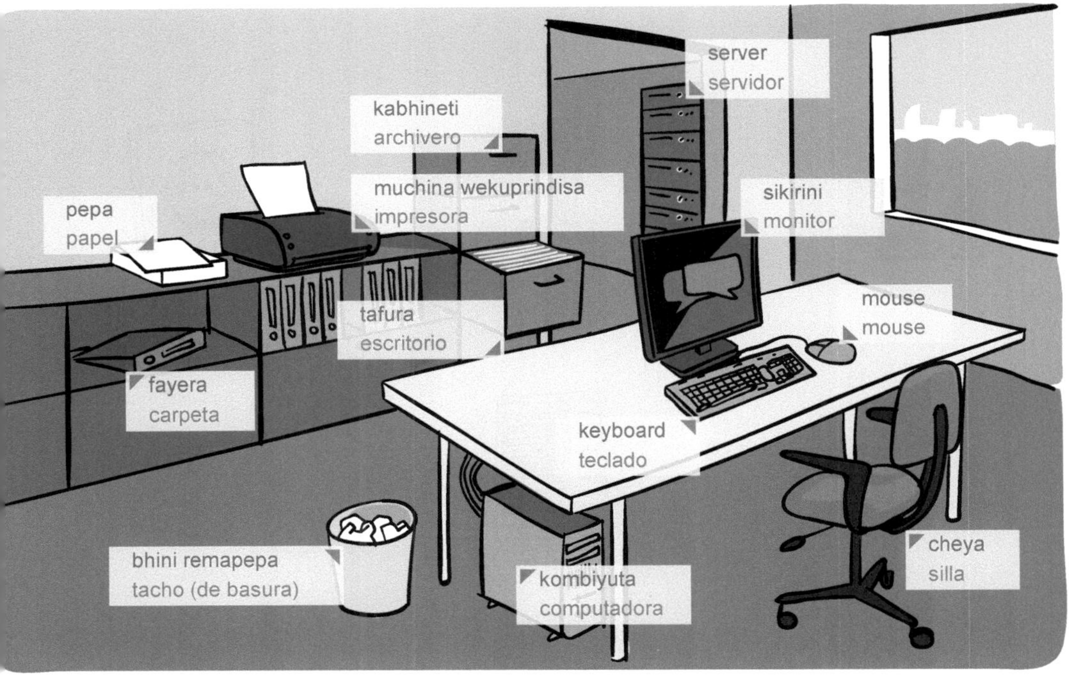

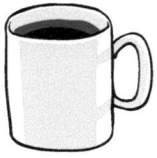

kapu yekofi

taza de café

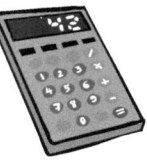

kakureta

calculadora

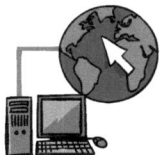

indaneti

internet

laptop
laptop

tsamba
carta

tsamba
mensaje

serura
celular

network
red

muchina wekufotokopesa
fotocopiadora

software
software

foni
teléfono

pekupfekera magetsi
tomacorriente

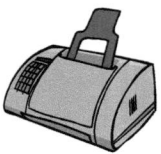

muchina wefax
fax

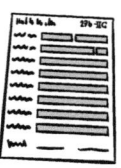

fomu
formulario

gwaro
documento

kutenga

comprar

kubhadhara

pagar

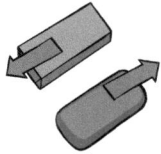

kutengesa

hacer negocios

mari

dinero

Dhora

dólar

Euro

euro

Yen

yen

rouble

rublo

Swiss franc

franco suizo

renminbi yuan

yuan

rupee

rupia

panobhadharwa

cajero automático

panochinjwa mari

casa de cambio

goridhe

oro

sirivha

plata

mafuta

petróleo

magetsi

energía

mutengo

precio

chibvumirano

contrato

mutero

impuesto

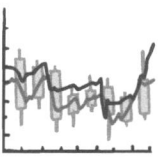

masitoku

acción

kushanda

trabajar

mushandi

empleado

mushandirwi

empleador

fekitari

fábrica

chitoro

negocio

mabasa
ocupaciones

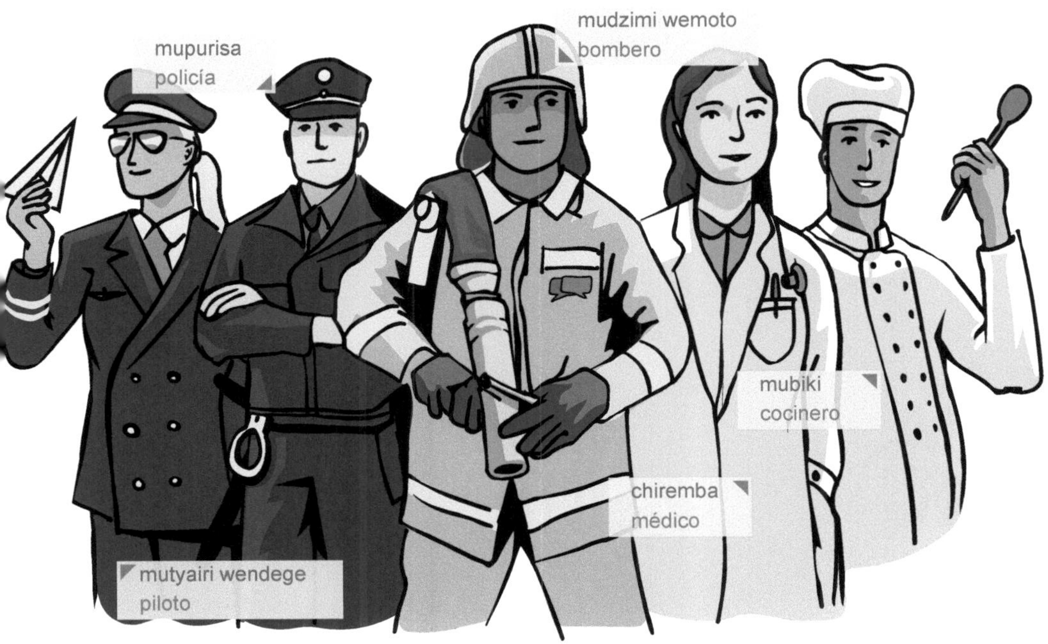
mupurisa
policía
mudzimi wemoto
bombero
mubiki
cocinero
chiremba
médico
mutyairi wendege
piloto

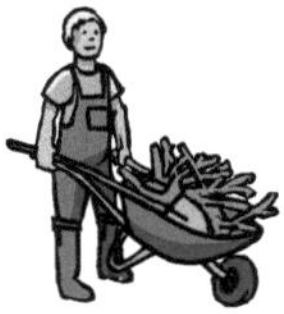

mushandi wemugadheni

jardinero

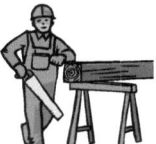

muvezi

carpintero

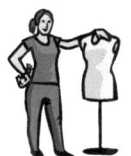

mukadzi anosona

modista

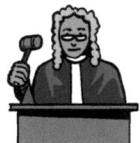

mutongi

juez

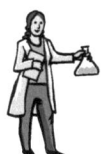

anoita zvemishonga

farmacéutico

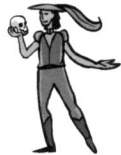

ekita

actor

mutyairi webhazi

colectivero

mutyairi wetaxi

taxista

muredzi

pescador

mudzimai anochenesa

mucama

anogadzira denga

techista

hweta

mozo

muvhimi

cazador

anopenda

pintor

mubiki wechingwa

panadero

mugadziri wemagetsi

electricista

muvaki

albañil

injiniya

ingeniero

mushandi wemubhucha

carnicero

puramba

plomero

positimeni

cartero

musoja

soldado

anoita mapurani edzimba

arquitecto

mutengesi

cajero

mugadziri wemaruva

florista

mugadziri wemusoro

peluquero

kondakita

cobrador

makanika

mecánico

kaputeni

capitán

chiremba wemazino

dentista

musayindisti

científico

rabbi

rabino

imam

imán

mumonk

monje

mufundisi

sacerdote

maturusi
herramientas

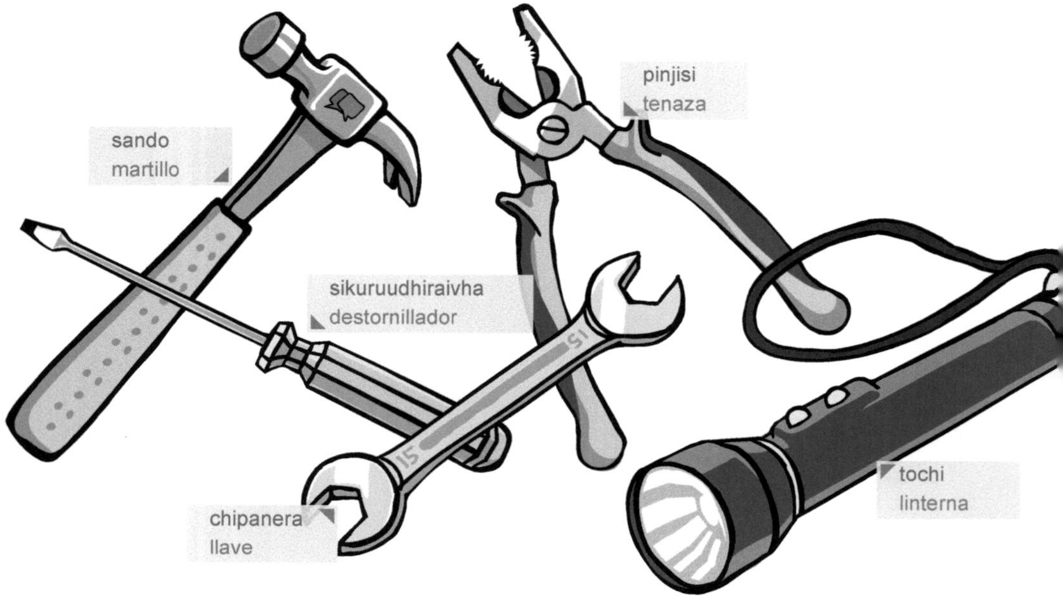
pinjisi
tenaza
sando
martillo
sikuruudhiraivha
destornillador
chipanera
llave
tochi
linterna

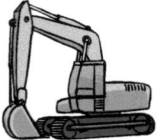

chikatapira

excavadora

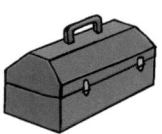

bhokisi rematurusi

caja de herramientas

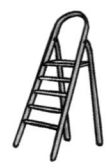

manera

escalera portátil

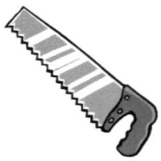

saha

sierra

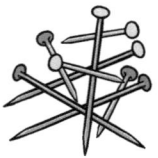

zvipikiri

clavos

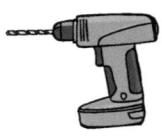

chibooreso

taladro

kugadzira
....
arreglar

foshoro
....
pala de jardín

Nxa!
....
¡Qué bronca!

chidyoreso
....
pala de plástico

gaba rependi
....
tacho de pintura

masikuruu
....
tornillos

zviridzwa
instrumentos musicales

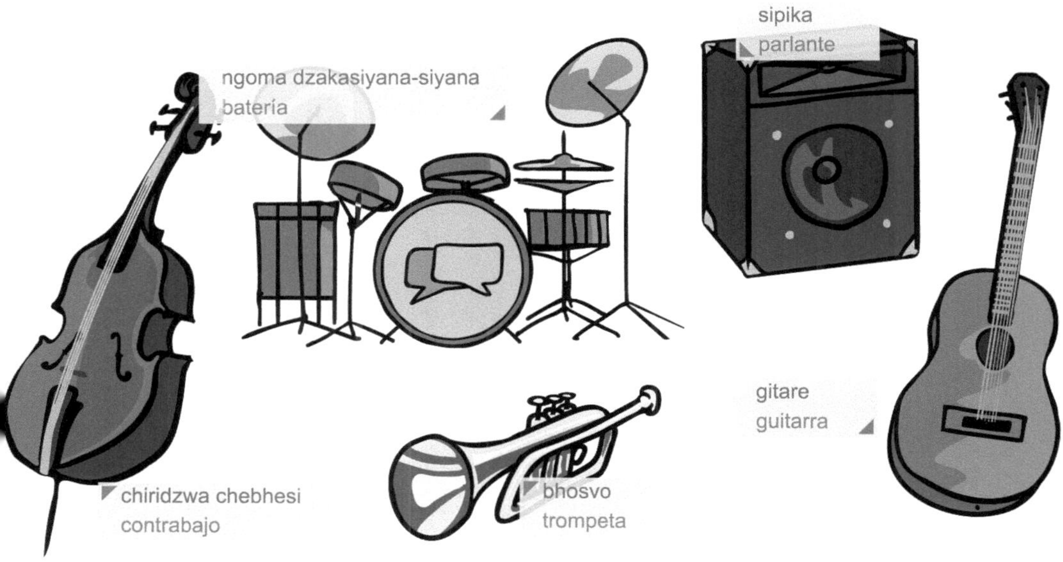

ngoma dzakasiyana-siyana
batería

sipika
parlante

gitare
guitarra

chiridzwa chebhesi
contrabajo

bhosvo
trompeta

piyano

piano

violin

violín

gitare rebhesi

bajo

ngoma

timbales

ngoma

tambor

piyano yemagetsi

teclado

saxophone

saxofón

nyere

flauta

maikorofoni

micrófono

munochengeterwa mhuka

zoológico

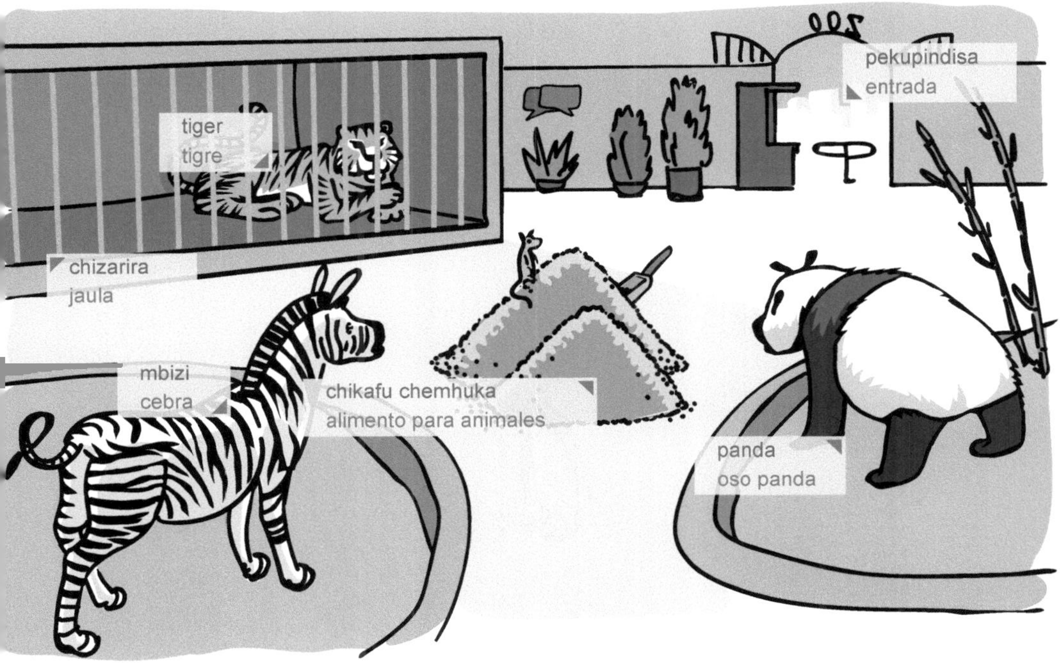
pekupindisa
entrada
tiger
tigre
chizarira
jaula
mbizi
cebra
chikafu chemhuka
alimento para animales
panda
oso panda

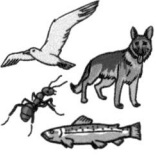

mhuka

animales

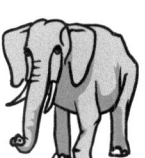

nzou

elefante

kangaruru

canguro

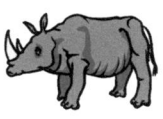

chipembere

rinoceronte

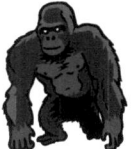

gorilla

gorila

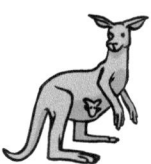

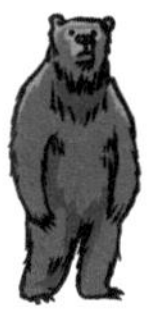

bear

oso

ngamera

camello

mhou

avestruz

shumba

león

tsoko

mono

flamingo

flamenco

parrot

loro

bear rekuchando

oso polar

penguin

pingüino

shark

tiburón

pikoko

pavo real

nyoka

serpiente

garwe

cocodrilo

muchengeti wenzvimbo
yemhuka

cuidador del zoológico

seal

foca

jaguar

jaguar

nyurusi

poni

ingwe

leopardo

mvuu

hipopótamo

twiza

jirafa

gondo

águila

nguruve yemusango

jabalí

hove

pescado

kamba

tortuga

walrus

morsa

gava

zorro

nhoro

gacela

bhora rekuAmerica
fútbol americano

kuchovha
ciclismo

tenisi
tenis

bhora rebhasiketi
básquet

kutuhwina
natación

tsiva
boxeo

hockey yemuchando
hockey sobre hielo

nhabvu
fútbol

badminton
bádminton

zvekumhanya
atletismo

bhora remaoko
handball

kuita ski
esquí

polo
polo

mabasa
actividades

kuseka
reír
kusvetuka
saltar
kumbundira
abrazar
kufamba
caminar
kuimba
cantar
kurota
soñar
kunyengetera
rezar
kutsvoda
besar

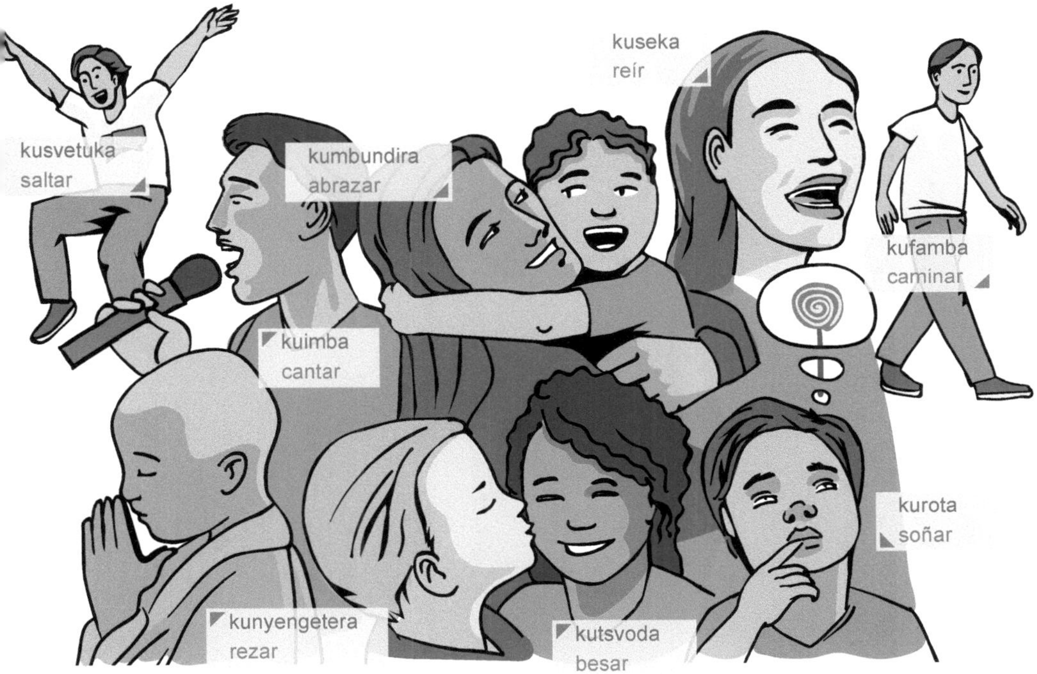

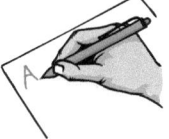

nyora
escribir

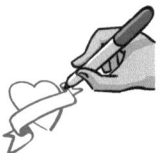

kudhirowa
dibujar

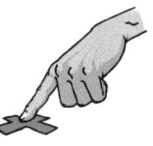

kuratidza
mostrar

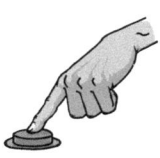

kusunda
presionar

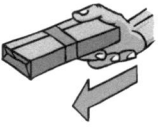

kupa
dar

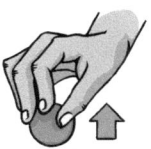

kutora
tomar

kuva ne

tener

kuita

hacer

kuva

ser

kumira

estar parado

kumhanya

correr

kudhonza

tirar

kukanda

tirar

kudonha

caer

kurara

estar acostado

kumirira

esperar

kutakura

llevar

kugara

estar sentado

kupfeka

vestirse

kurara

dormir

kumuka

despertar

kutarisa

mirar

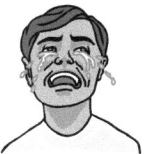

kuchema

llorar

kupuruzira

acariciar

kukama

peinar

kutaura

hablar

kunzwisisa

entender

kubvunza

preguntar

kuteerera

escuchar

kunwa

beber

kudya

comer

kuchenesa

ordenar

kuda

amar

kubika

cocinar

kutyaira

manejar

kubhururuka

volar

kufambiswa nemhepo

navegar

kakureta

calcular

kuverenga

leer

kudzidza

aprender

kushanda

trabajar

kuroora / kuroorwa

casarse

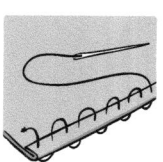

kusona

coser

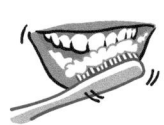

kukwesha mazino

cepillarse los dientes

kuuraya

matar

kuputa

fumar

kutumira

enviar

ambuya
abuela

sekuru
abuelo

baba
padre

amai
madre

mwana
bebé

mwanasikana
hija

mwanakomana
hijo

muenzi
invitado

tete
tía

sekuru
tío

hanzvadzikomana
hermano

hanzvadzisikana
hermana

muviri

cuerpo

huma
frente
ziso
ojo
bendekete
hombro
munwe
dedo
chiso
cara
chirebvu
pera
ruoko
mano
chipfuva
pecho
gumbo
pierna
ruoko
brazo

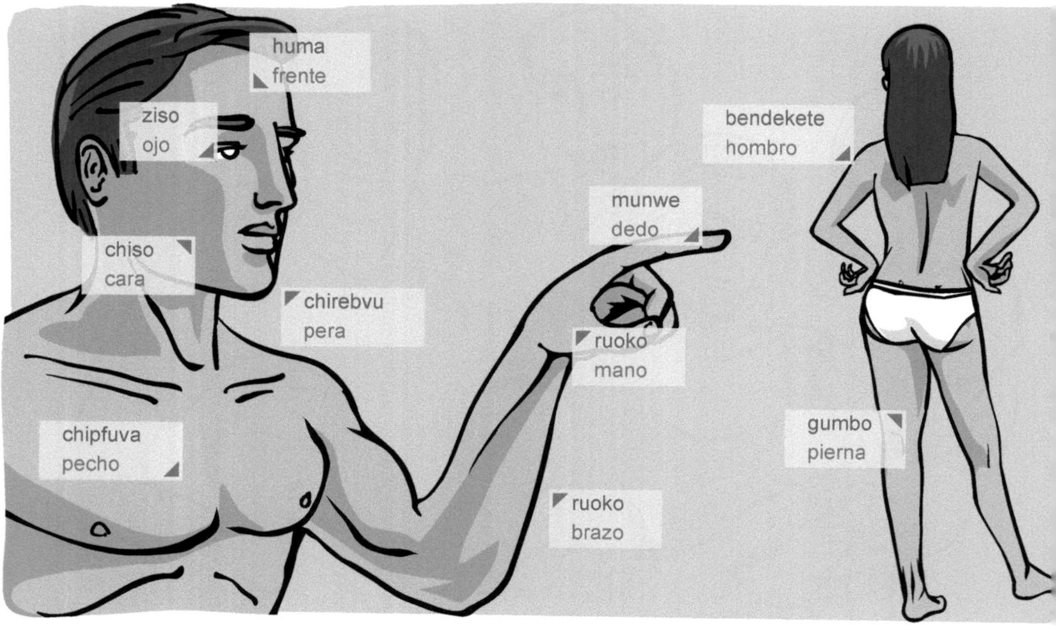

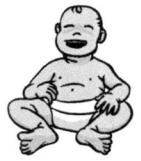

mwana
bebé

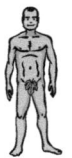

murume
hombre

mukadzi
mujer

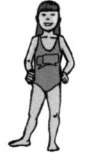

musikana
nena

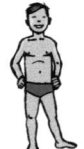

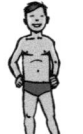

mukomana
nene

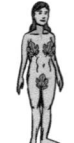

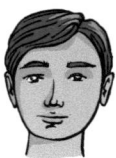

musoro
cabeza

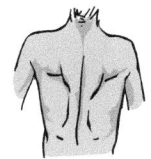

musana

espalda

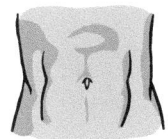

dumbu

panza

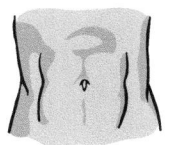

guvhu

ombligo

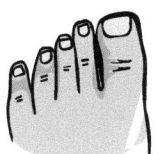

chigunwe

dedo del pie

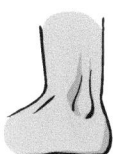

chitsitsinho

talón

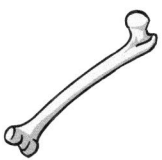

bhonzo

hueso

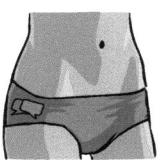

hudyu

cadera

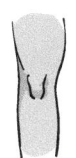

ibvi

rodilla

gokora

codo

mhino

nariz

garo

cola

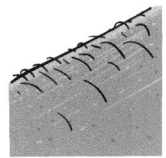

ganda

piel

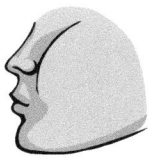

dama

cachete

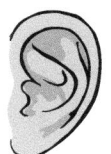

nzeve

oreja

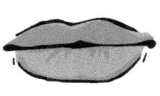

muromo

labio

muviri - cuerpo

mukanwa

boca

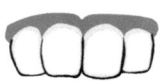

zino

diente

rurimi

lengua

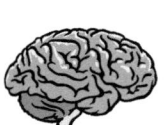

uropi

cerebro

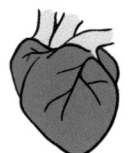

mwoyo

corazón

tsandanyama

músculo

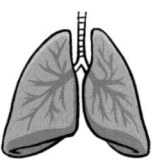

bapu

pulmón

chitaka

hígado

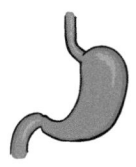

dumbu

estómago

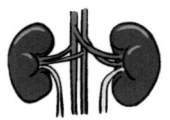

itsvo

riñones

kuita bonde

sexo

kondomu

preservativo

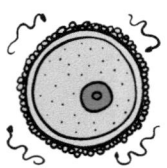

zai

óvulo

urume

semen

nhumbu

embarazo

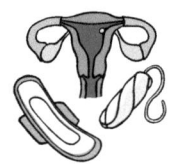

kuenda kumwedzi

menstruación

sikarudzi

vagina

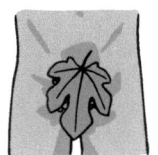

mboro

pene

tsiye

ceja

bvudzi

pelo

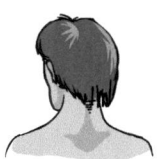

mutsipa

cuello

muviri - cuerpo

chipatara
hospital

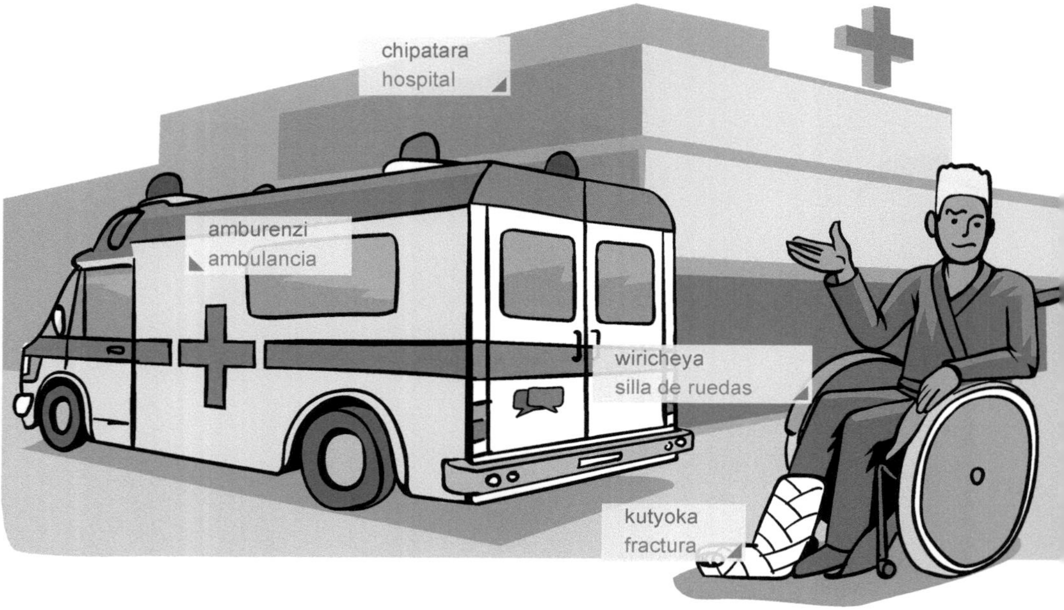

chipatara
hospital
amburenzi
ambulancia
wiricheya
silla de ruedas
kutyoka
fractura

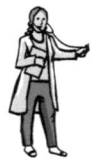

chiremba

médico

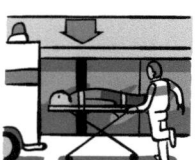

imba yerubatsiro

sala de guardia

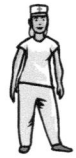

nesi

enfermera

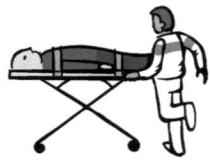

zvekukurumidza

emergencia

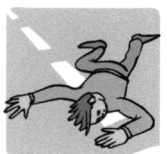

kufenda

inconsciente

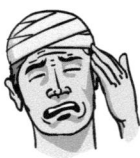

rwadza

dolor

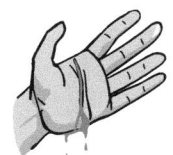

kukuvara

lesión

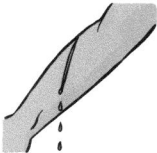

kubuda ropa

hemorragia

kuerekana mwoyo usisashandi

infarto

kuoma rutivi

ACV

zvinorwarisa

alergia

chikosoro

tos

fivha

fiebre

furuu

gripe

manyoka

diarrea

kutemwa nemusoro

dolor de cabeza

mhuka

cáncer

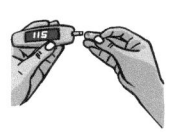

chirwere cheshuga

diabetes

muvhiyi

cirujano

kabanga keoparesheni

bisturí

oparesheni

operación

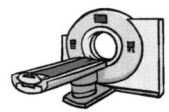

CT
TC

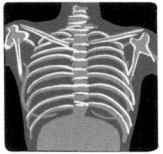

x-ray
rayos x

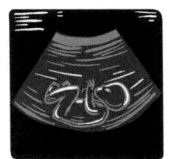

ultrasound
ecografía

chekuvharisa mhino nemuromo
barbijo

chirwere
enfermedad

mekumirira kurapiwa
sala de espera

chidhondoro
muleta

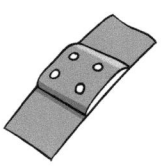

purasita
curita

bhandiji
venda

jekiseni
inyección

chekuteerera nacho mukati
estetoscopio

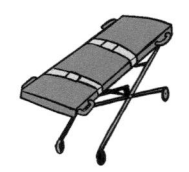

kamubhedha kemurwere
camilla

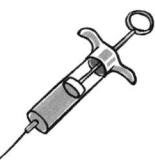

chekutoresa nacho tembiricha
termómetro

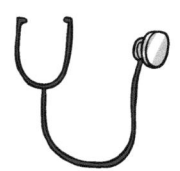

kuzvara
nacimiento

kufuta
sobrepeso

chekubatsira kunzwa

audífono

mushonga unouraya utachiona

desinfectante

utachiona

infección

vhairasi

virus

HIV / AIDS

VIH / SIDA

mushonga

remedio

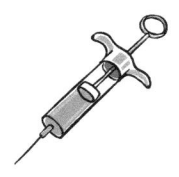

kudzivirira zvirwere

vacunación

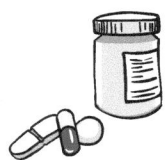

mapiritsi

comprimidos

piritsi

pastilla anticonceptiva

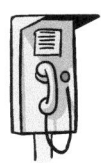

kufonera rubatsiro ipapo ipapo

llamada de emergencia

muchina wekuyeresa BP

tensiómetro

kurwara / kugwinya

enfermo / sano

Maiwe!

¡Ayuda!

bhero

alarma

kurwisa

agresión

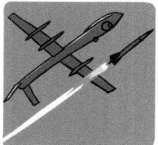

kurwisa

ataque

ngozi

peligro

pekupuda napo zvechimbi-chimbi

salida de emergencia

Moto!

¡Fuego!

chekudzimisa moto

matafuego

tsaona

accidente

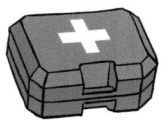

zvinhu zvefirst aid

botiquín de primeros auxilios

SOS

SOS

mapurisa

policía

Europe

Europa

Kuchamhembe kweAmerica

América del Norte

Kumaodzanyemba
kweAmerica

América del Sur

Africa

África

Asia

Asia

Australia

Australia

Atlantic

Atlántico

Pacific

Pacífico

Nyanza yeIndia

Océano Índico

Nyanza yeAntarctic

Océano Antártico

Nyanza yeArctic

Océano Ártico

Kuchamhembe

polo norte

Kumaodzanyemba

polo sur

Antarctica

Antártida

Nyika

Tierra

nyika

tierra

gungwa

mar

chitsuwa

isla

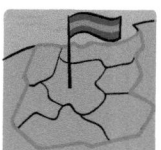

nyika

nación

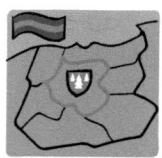

nyika

estado

wachi

esfera

chinongedza awa

manecilla de las horas

chinongedza miniti

minutero

chinongedza masekondi

segundero

Inguvai?

¿Qué hora es?

zuva

día

nguva

hora

izvozvi

ahora

wachi yemanhamba

reloj digital

miniti

minuto

awa

hora

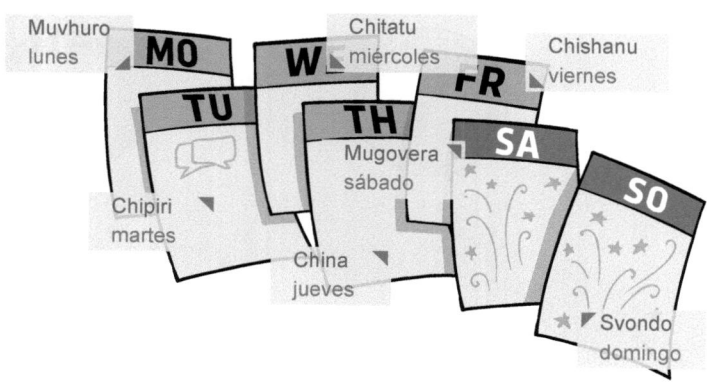

Muvhuro / lunes — MO
Chipiri / martes — TU
Chitatu / miércoles — W
China / jueves — TH
Chishanu / viernes — FR
Mugovera / sábado — SA
Svondo / domingo — SO

nezuro

ayer

nhasi

hoy

mangwana

mañana

mangwanani

mañana

masikati

mediodía

manheru

tarde

MO	TU	WE	TH	FR	SA	SU
1	2	3	4	5	6	7
8	9	10	11	12	13	14
15	16	17	18	19	20	21
22	23	24	25	26	27	28
29	30	31	1	2	3	4

mazuva ebasa

días hábiles

MO	TU	WE	TH	FR	SA	SU
1	2	3	4	5	6	7
8	9	10	11	12	13	14
15	16	17	18	19	20	21
22	23	24	25	26	27	28
29	30	31	1	2	3	4

kupera kwevhiki

fin de semana

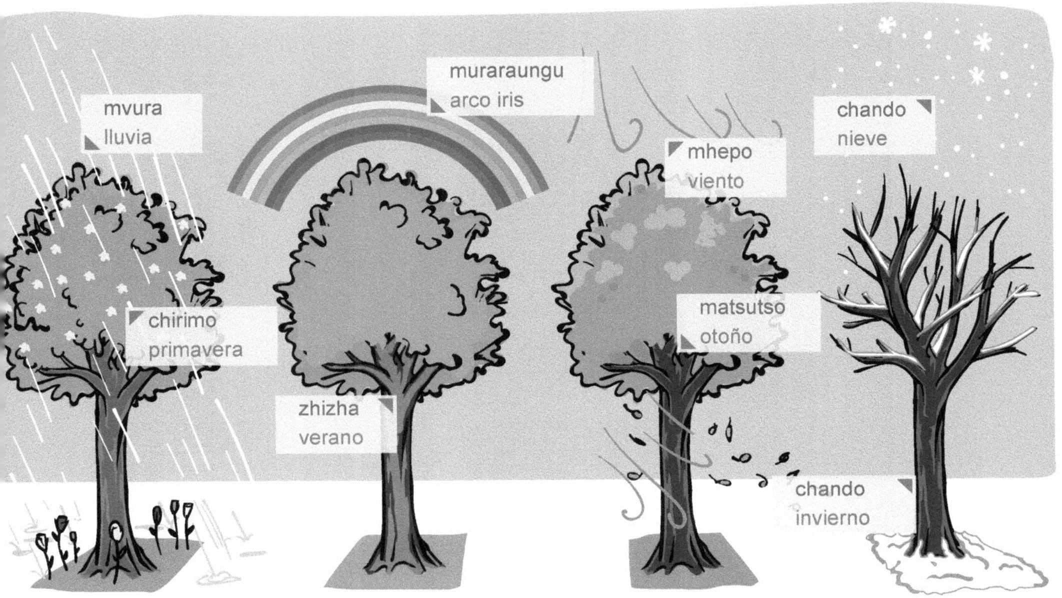

mvura
lluvia
muraraungu
arco iris
chando
nieve
mhepo
viento
chirimo
primavera
matsutso
otoño
zhizha
verano
chando
invierno

4.APRIL 11°
5.APRIL 4°
6.APRIL 13°
7.APRIL 8°
8.APRIL 10°

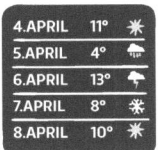

mamiriro ekunze anofungidzirwa
....
pronóstico meteorológico

F C
120 40
90 30
60 20
30 10
0 0
-30 -10
-20

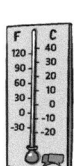

chekutoresa tembiricha
....
termómetro

zuva
....
luz del sol

makore
....
nube

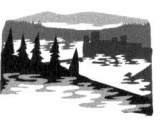

mhute
....
niebla

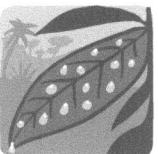

hunyoro
....
humedad

mheni

rayo

kutinhira

trueno

dutu

tormenta

chivhuramabwe

granizo

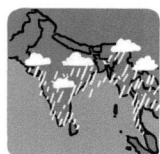

mhepo ine mvura

monzón

mafashamo

inundación

mazaya echando

hielo

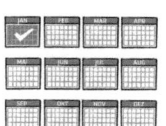

Ndira

enero

Kukadzi

febrero

Kurume

marzo

Kubvumbi

abril

Chivabvu

mayo

Chikumi

junio

Chikunguru

julio

Nyamavhuvhu

agosto

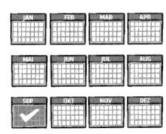

Gunyana

septiembre

Gumiguru

octubre

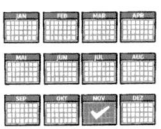

Mbudzi

noviembre

Zvita

diciembre

denderedzwa

círculo

sikweya

cuadrado

rectangle

rectángulo

triangle

triángulo

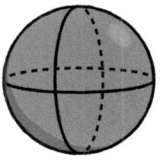

bhora

esfera

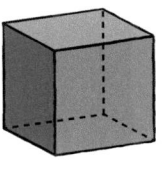

bhokisi

cubo

chena
....
blanco

yero
....
amarillo

orenji
....
naranja

pingi
....
rosa

tsvuku
....
rojo

pepuru
....
violeta

bhuruu
....
azul

girini
....
verde

kaki
....
marrón

gireyi
....
gris

nhema
....
negro

zvakawanda / zvishoma

mucho / poco

hasha / dzikama

enojado / tranquilo

naka / shata

lindo / feo

kutanga / kuguma

principio / fin

hombe / diki

grande / chico

jeka / rima

claro / oscuro

hanzvadzikomana /
hanzvadzisikana

hermano / hermana

chena / sviba

limpio / sucio

kwana / kusakwana

completo / incompleto

masikati / usiku

día / noche

yakafa / mhenyu

muerto / vivo

pamhamha / tetepa

ancho / angosto

unodyiwa / haudyiwi

comestible / no comestible

utsinye / mutsa

malo / amable

kunakidzwa / kufinhwa

entusiasmado / aburrido

kobvuka / tetepa

gordo / flaco

kutanga / kupedzisira

primero / último

shamwari / muvengi

amigo / enemigo

rakazara / hairina kuzara

lleno / vacío

oma / pfava

duro / blando

rema / reruka

pesado / liviano

nzara / nyota

hambre / sed

kurwara / kugwinya

enfermo / sano

zvisiri pamutemo / zviri pamutemo

ilegal / legal

kungwara / kupusa

inteligente / estúpido

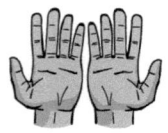

ruboshwe / rudyi

izquierda / derecha

pedyo / kure

cerca / lejos

matsva / matsaru

nuevo / usado

hapana / chiripo

nada / algo

kuru / duku

viejo / joven

batidza/dzima

encendido / apagado

vhurika / vharika

abierto / cerrado

nyarara / ruzha

silencioso / ruidoso

mupfumi / murombo

rico / pobre

chakanaka / chakaipa

correcto / incorrecto

kukasharara / kutsvedzerera

áspero / suave

kusuwa / kufara

triste / contento

pfupi / refu

corto / largo

nonoka / kurumidza

lento / rápido

nyoro / oma

mojado / seco

dziya / tonhora

caliente / frío

hondo / rugare

guerra / paz

0

zero

cero

1

potsi

uno

2

piri

dos

3

tatu

tres

4

ina

cuatro

5

shanu

cinco

6

nhanhatu

seis

7

nomwe

siete

8

sere

ocho

9

pfumbamwe

nueve

10

gumi

diez

11

gumi neimwe

once

12

gumi nembiri

doce

13

gumi netatu

trece

14

gumi neina

catorce

15

gumi neshanu

quince

16

gumi nenhanhatu

dieciséis

17

gumi nenomwe

diecisiete

18

gumi nesere

dieciocho

19

gumi nepfumbamwe

diecinueve

20

makumi maviri

veinte

100

zana

cien

1.000

chiuru

mil

1.000.000

miriyoni

millón

Chirungu

inglés

Chirungu chekuAmerica

inglés americano

Mandarin yekuChina

chino mandarín

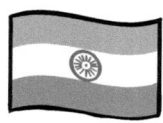

ChiHindi

hindi

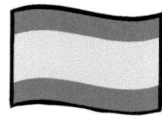

ChiSpanish

español

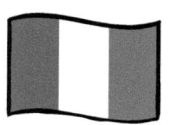

ChiFrench

francés

ChiArabic

árabe

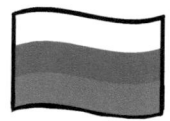

ChiRussian

ruso

ChiPortuguese

portugués

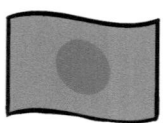

ChiBengali

bengalí

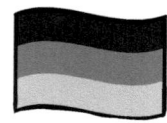

ChiGerman

alemán

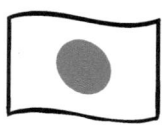

ChiJapanese

japonés

ini
yo

iwe / imi
vos

iye
él / ella

isu
nosotros

imi
ustedes

ivo
ellos

ani?
¿quién?

chii?
¿qué?

sei?
¿cómo?

kupi?
¿dónde?

riini?
¿cuándo?

zita
nombre

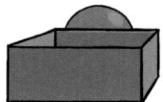

seri

detrás

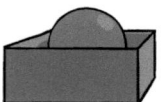

mukati

en

pamberi

adelante de

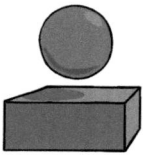

nepamusoro

por encima de

pamusoro

sobre

pasi

debajo de

divi

al lado de

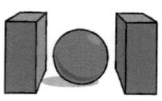

pakati

entre

nzvimbo

lugar